CONOCE TU GOBIERNO

¿CÓMO SE CONVIERTE UN PROYECTO EN LEY?

KATHLEEN CONNORS
TRADUCIDO POR ESTHER SARFATTI

 Gareth Stevens
PUBLISHING

ENCONTEXTO

Please visit our website, www.garethstevens.com. For a free color catalog of all our high-quality books, call toll free 1-800-542-2595 or fax 1-877-542-2596.

Cataloging-in-Publication Data

Names: Connors, Kathleen M., author.
Title: ¿Cómo se convierte un proyecto en ley? / Kathleen Connors, translated by Esther Sarfatti. /
Series: Conoce tu gobierno.
Description: New York : Gareth Stevens Publishing, [2018] | Includes index.
Identifiers: ISBN 9781482462760 (pbk. book) | ISBN
 9781482462784 (6 pack) | ISBN 9781482462777 (library bound book)
Subjects: LCSH: Legislation--United States. | Law--United States--Interpretation and construc-
tion. | Statutes--Untied States. | Bill
 drafting--United States.
Classification: LCC KF4945 .C66 2018 | DDC 328.73/077--dc23

First Edition

Published in 2018 by
Gareth Stevens Publishing
111 East 14th Street, Suite 349
New York, NY 10003

Copyright © 2018 Gareth Stevens Publishing

Translator: Esther Sarfatti
Editorial Director, Spanish: Nathalie Beullens-Maoui
Editor, English: Kristen Nelson
Designer: Samantha DeMartin

Photo credits: Series art MaxyM/Shutterstock.com; cover, pp. 1, 11, 17 (both) Chip
Somodevilla/Getty Images News/Getty Images; p. 5 (branches) Lucia Fox/Shutterstock.com;
p. 5 (buildings) JPL Designs/Shutterstock.com; p. 7 Orhan Cam/Shutterstock.com; p. 9 Barry
Blackburn/Shutterstock.com; pp. 13, 15 Rob Crandall/Shutterstock.com; p. 19 Bill Clark/
CQ-Roll Call Group/Getty Images; p. 21 (House) SAUL LOEB/AFP/Getty Images;
p. 21 (Senate) Tktru/Wikimedia Commons; p. 23 Tom Williams/CQ-Roll Call Group/Getty
Images; p. 25 Pool/Getty Images News/Getty Images; p. 27 courtesy of the Library of Congress;
p. 29 (bottom) Kirby Hamilton/Getty Images; p. 29 (Supreme Court Building) Gary Blakeley/
Shutterstock.com; p. 30 (icons) browndogstudios/Shutterstock.com; p. 30 (graph) Fireofheart/
Shutterstock.com; p. 30 (bill) kasezo/Shutterstock.com.

All rights reserved. No part of this book may be reproduced in any form without
permission in writing from the publisher, except by a reviewer.

Printed in the United States of America

CPSIA compliance information: Batch #CS17GS: For further information contact Gareth Stevens, New York, New York at 1-800-542-2595.

CONTENIDO

Las palabras del glosario se muestran en **negrita** la primera vez que aparecen en el texto.

ES LA LEY

Todo el mundo en Estados Unidos debe acatar las leyes. Las empresas privadas y las entidades gubernamentales también tienen leyes que regulan su funcionamiento. El Congreso es la rama del gobierno de Estados Unidos que hace las leyes. Está compuesto por dos cámaras: el Senado y la Cámara de **Representantes**.

LAS TRES RAMAS DEL
GOBIERNO

LEGISLATIVA
**compuesta por el Senado
y la Cámara de Representantes**

EJECUTIVA
**encabezada por el presidente;
incluye los jefes de algunas
oficinas gubernamentales**

JUDICIAL
**encabezada por el Tribunal
Supremo; incluye los
tribunales inferiores**

SI QUIERES SABER MÁS

El Senado tiene 100 miembros, dos por cada estado.
La Cámara de Representantes tiene 435 miembros.
El número de representantes a la Cámara se basa en
la población de cada estado.

5

UN PROYECTO DE LEY

Una ley comienza como un proyecto, o un **borrador** de una ley, que se presenta ante el Congreso.

Los proyectos nacen de ideas que proponen los miembros del Congreso. Las dos cámaras pueden iniciar proyectos de ley.

SI QUIERES SABER MÁS

Los proyectos de ley que tengan que ver con ingresos, o dinero, solo pueden iniciarse en la Cámara de Representantes.

EL CAPITOLIO DE ESTADOS UNIDOS

Cada proyecto que se presenta debe tener un **ponente**, es decir una persona que lo proponga. Cuando un miembro del Congreso quiere proponer un proyecto, busca otros miembros que lo apoyen. Tener otros miembros partidarios demuestra que el proyecto tiene **apoyo.**

SI QUIERES SABER MÁS

Las ideas para los proyectos a veces vienen de los **votantes,** de un representante o senador. Muchas veces son ideas para mejorar la vida de los ciudadanos, como arreglar las carreteras.

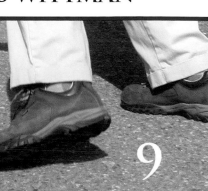

EL CONGRESISTA
ROB WITTMAN

9

Una vez que un proyecto tiene cierto apoyo, se presenta ante el Senado o la Cámara de Representantes. Se le asigna un número al proyecto y se lee en voz alta ante los miembros de esa cámara del Congreso. A continuación, se envía el proyecto a un **comité**.

SI QUIERES SABER MÁS

Para poder presentar un proyecto de ley ante la Cámara de Representantes, un miembro de esa cámara lo deposita en una caja especial que se llama urna.

EL SENADOR
HARRY REID

COMITÉS

Ambas cámaras del Congreso tienen comités que se **enfocan** en diferentes áreas, como la agricultura o la educación. Estudian los proyectos de ley y tratan de resolver problemas relacionados con dichos temas. Los miembros de cada comité deben tener conocimiento sobre los temas relacionados con su comité.

SI QUIERES SABER MÁS

Algunos comités, tanto de la Cámara de Representantes como del Senado, se enfocan en temas relacionados con las fuerzas armadas, la energía y las relaciones de Estados Unidos con otros países.

13

Cuando estudian un proyecto de ley, los comités celebran una audiencia. Los miembros del comité escuchan a las personas que apoyan el proyecto y a las que no lo respaldan. Conocer los razonamientos de ambos lados ayuda a los miembros del comité a tomar una mejor decisión.

SI QUIERES SABER MÁS

La mayoría de las audiencias son públicas. Eso significa que cualquiera puede asistir y escuchar hablar de los proyectos que están bajo consideración.

15

A continuación, los miembros del comité examinan toda la información que tienen acerca del proyecto. A veces piden enmiendas, o cambios, al proyecto. Después votan si consideran los cambios o no. Esto se llama una **sesión** de modificación.

SI QUIERES SABER MÁS

Durante una sesión de modificación, se pueden hacer pequeños cambios a un proyecto, como sustituir una palabra o frase por otra. Otras veces se añaden partes nuevas o se eliminan secciones enteras.

SE ABRE EL DEBATE

Una vez que el comité decide qué se debe incluir y cómo se debe redactar el proyecto, lo presenta al resto de la Cámara de Representantes o al Senado. Entonces toda la cámara en cuestión **debate** el proyecto. Puede haber más enmiendas, que se someten a votación.

SI QUIERES SABER MÁS

Algunas veces, los proyectos se devuelven al comité.
A menudo esto pasa porque hay un grupo que
quiere que se hagan cambios importantes
al proyecto o prefiere que se posponga
o se cancele por completo.

Sen. Mitch McConnell

Sen. Harry Reid

EL VOTO

Tanto en la Cámara de Representantes como en el Senado, se necesita una mayoría para que un proyecto se convierta en ley. Los miembros de la cámara pueden votar en persona a favor o en contra. También pueden votar electrónicamente por internet.

SI QUIERES SABER MÁS

Para convertirse en ley, un proyecto necesita 218 del total de 435 votos en la Cámara de Representantes. En el Senado, necesita 51 del total de 100 votos.

EL SENADO

LA CÁMARA DE REPRESENTANTES

A LA OTRA CÁMARA

Una vez que un proyecto es aprobado por una cámara, se envía a la otra. Allí pasa por el mismo proceso que en la cámara donde comenzó. Durante el debate, puede haber enmiendas al proyecto antes del voto.

SI QUIERES SABER MÁS

El proyecto de ley final tiene que ser ratificado por ambas cámaras. Si el Senado hace cambios a un proyecto presentado por la Cámara de Representantes, en esta tienen que volver a votar por el proyecto.

23

FACULTAD DEL PRESIDENTE

Un proyecto de ley que ha sido aprobado por mayoría en ambas cámaras se envía al presidente. Una vez que el presidente lo firma, ¡se convierte en ley! Sin embargo, el presidente también puede usar su poder de veto si no quiere que el proyecto se convierta en ley.

SI QUIERES SABER MÁS

A veces el presidente veta un proyecto de ley y lo envía de vuelta al Congreso con notas. El Congreso puede cambiar el proyecto para que el presidente lo apoye.

EL PRESIDENTE BARACK OBAMA

25

Otra posibilidad es que el presidente no tome ninguna acción al recibir un proyecto. Si el Congreso está en sesión, el proyecto se convierte en ley sin la firma del presidente al cabo de diez días. Si el Congreso no está en sesión, al pasar los diez días, el proyecto no se convierte en ley.

SI QUIERES SABER MÁS

Si un presidente retiene un proyecto hasta que el Congreso ya no esté en sesión, entonces el presidente ejerce lo que se llama "veto de bolsillo."

EL PRESIDENTE FRANKLIN DELANO ROOSEVELT

ANTICONSTITUCIONAL

Una vez que un proyecto se ha convertido en ley, todo el mundo tiene que cumplirla. Sin embargo, si la gente cree que una ley va en contra de la **Constitución**, se puede recurrir al Tribunal Supremo, el tribunal más alto del país. Si el Tribunal Supremo está de acuerdo, la ley puede ser anulada.

SI QUIERES SABER MÁS

Si una ley va en contra de la Constitución, se dice que es anticonstitucional.

EL EDIFICIO DEL TRIBUNAL
SUPREMO DE JUSTICIA

CÓMO SE CONVIERTE UN PROYECTO EN LEY

Un proyecto de ley se presenta en la Cámara de Representantes o en el Senado.

Pasa a un comité.

La cámara en cuestión lo somete a votación.

Si se aprueba, el proyecto de ley pasa a la otra cámara del Congreso.

El proyecto pasa a un comité en la otra cámara.

La otra cámara lo somete a votación.

Si se aprueba, pasa al presidente.

El presidente firma el proyecto para convertirlo en ley o lo veta.

GLOSARIO

apoyar: sostener y dar validez a un argumento o una cosa.

borrador: una versión no definitiva de un escrito.

comité: un grupo pequeño que se reúne para hacer un trabajo en particular.

constitución: las leyes básicas por las cuales se gobierna un país o estado.

debate: discusión de un tema, generalmente, en una asamblea.

enfocarse: dirigir la atención a algo.

mayoría: un número más grande que la mitad del total.

ponente: persona que presenta un proyecto de ley en una asamblea.

representante: un miembro de un cuerpo legislativo que representa a los votantes, o actúa en su nombre.

sesión: reunión activa de un grupo para tratar ciertos asuntos.

votante: persona que puede ejercer el voto en unas elecciones.

PARA MÁS INFORMACIÓN

LIBROS

Luce, Pat, y Holly Joyner. *How a Bill Becomes a Law*. New York, NY: Scholastic, 2008.

Nelson, Robin, y Sandy Donovan. *The Congress: A Look at the Legislative Branch*. Minneapolis, MN: Lerner Publications, 2012.

SITIOS DE INTERNET

How Laws Are Made

kids.clerk.house.gov/grade-school/lesson.html?intID=17

Visita este sitio web para repasar el proceso por el cual un proyecto se convierte en ley.

Sitios de Internet: Nota del editor a los educadores y padres: nuestro personal especializado ha revisado cuidadosamente estos sitios web para asegurarse de que son apropiados para los estudiantes. Muchos sitios web cambian con frecuencia, por lo que no podemos garantizar que posteriores contenidos que se suban a esas páginas cumplan con nuestros estándares de calidad y valor educativo. Tengan presente que se debe supervisar cuidadosamente a los estudiantes siempre que tengan acceso al Internet.

ÍNDICE